ADN

Wendy Conklin, M.A.

Asesora

Jill Tobin
Semifinalista
Maestro del año de California
Burbank Unified School District

Créditos de publicación

Rachelle Cracchiolo, M.S.Ed., *Editora comercial*
Conni Medina, M.A.Ed., *Gerente editorial*
Diana Kenney, M.A.Ed., NBCT, *Editora principal*
Dona Herweck Rice, *Realizadora de la serie*
Robin Erickson, *Diseñadora de multimedia*
Timothy Bradley, *Ilustrador*

Créditos de las imágenes: Portada, págs.1, 14, 21,
31 iStock; págs.6-8, 20 Science Source, pág.7 Science
Photo Library; pág. 10 Science Picture Co/Science Source;
págs.12, 18, 23-25 Alamy; pág.16 Getty Images; pág.17
(superior) iStock, (inferior) Scott Camazine/Science
Source; pág.20 (superior) Laguna Design/Science Source;
pág. 1 3D4Medical/Science Source; pág.23 (superior)
Bill Sanderson/Science Source, (inferior) Roslin Institute/
Newscom; pág. 24 UPI/Newscom; pág. 25 James
King-Holmes/Science Source; págs.28-29 (ilustraciones)
Timothy Bradley; las demás imágenes cortesía de
Shutterstock.

Teacher Created Materials

5301 Oceanus Drive
Huntington Beach, CA 92649-1030
http://www.tcmpub.com

ISBN 978-1-4258-4713-5

Contenido

El mapa de la vida

¿Tienen todos los miembros de tu familia las mismas orejas grandes? ¿Alguna vez te has preguntado por qué tienes la misma nariz que tu tía Alicia? Tal vez tienes características físicas que son similares a las de algunos miembros de tu familia. Es posible que alguien te haya dicho que te ves "exactamente" como tu hermano. Pues bien, a menos que tengas un hermano gemelo, eso no es del todo cierto. Todos somos únicos debido a una cosa pequeña pero importante llamada *ADN*.

¿Naturaleza o experiencia?

Algunos aspectos de la personalidad son el resultado del ADN. Por ejemplo, algunas personas pueden ser extrovertidas mientras otras son tímidas. Pero esa es solo la mitad de la historia. El entorno y las experiencias también influyen en la personalidad. Supongamos que tienes un amigo aventurero. ¿Se debe al ADN o a que las experiencias le enseñaron que intentar cosas nuevas puede ser divertido? Probablemente hay un poco de ambas cosas.

Gemelas fantásticas

Los gemelos son las únicas personas que pueden tener el mismo ADN. Comienzan como una misma célula que se divide para generar bebés idénticos.

ADN es la sigla para **ácido desoxirribonucleico**. Este es un ingrediente clave para la vida en la Tierra. Las células usan la información que contiene el ADN para crecer, reproducirse y más. Las células son las piezas fundamentales de todas las formas de vida, incluidas las plantas, los animales y las personas. Las células constituyen la totalidad del cuerpo. Esto incluye las pestañas, los lóbulos de las orejas, las uñas de las manos, el corazón y todo lo que hace que seas *tú*. De hecho, el cuerpo tiene billones de células. Y el ADN actúa como el "jefe" de estas células.

El ADN le dice a las células cómo formar una persona. Le dice a algunas células cómo convertirse en piel y a otras cómo convertirse en sangre. El ADN le dice a cada parte del cuerpo cuál es su función específica. Todo lo que sucede en el cuerpo sucede por el ADN.

Para entender el ADN

Para entender realmente cómo funciona el ADN, primero tenemos que entender las células. Aunque son muy pequeñas, las células tienen diferentes tamaños y formas, y hacen cosas diferentes. Algunos organismos tienen billones de células mientras que otros solo tienen una. Sin importar las diferencias, las células comparten una estructura básica. Todas las células contienen ribosomas que producen **proteínas**. Todas tienen mitocondrias, que son las fuentes que convierten el alimento en energía.

Las células más avanzadas tienen un núcleo. El núcleo es el centro de control, o el cerebro, de la célula. Se comunica con la célula para decirle qué hacer, dónde ir y cómo debería verse. Pequeñas hebras de ADN se encuentran empaquetadas dentro del núcleo. Cada pieza de ADN está compuesta por una larga cadena de **moléculas**. Si estiraras una de estas diminutas hebras, ¡mediría 3 metros (10 pies) de largo! De hecho, si pudieras estirar todo tu ADN, tendrías una línea muy delgada, que se estiraría 16 mil millones de kilómetros (10 mil millones de millas), ¡dos veces la distancia de la Tierra a Plutón! Y todo contenido en el núcleo de las células.

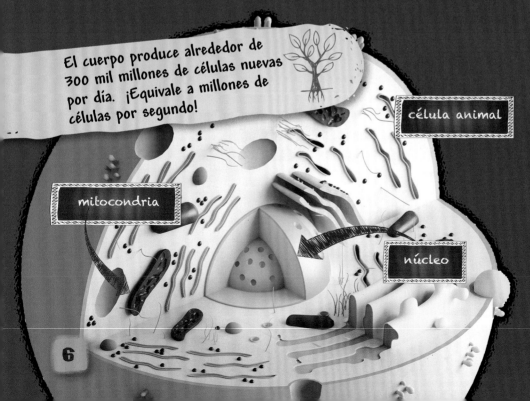

El cuerpo produce alrededor de 300 mil millones de células nuevas por día. ¡Equivale a millones de células por segundo!

célula animal

mitocondria

núcleo

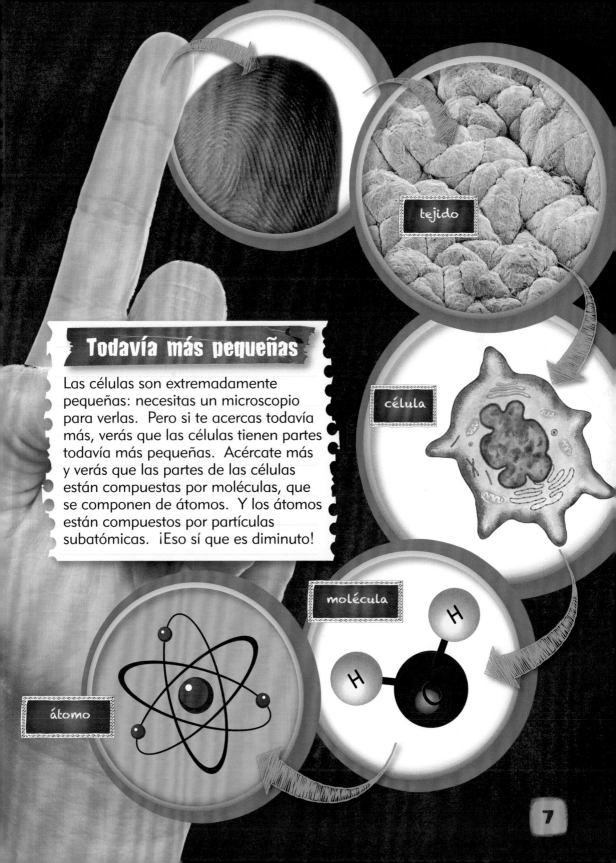

tejido

Todavía más pequeñas

Las células son extremadamente pequeñas: necesitas un microscopio para verlas. Pero si te acercas todavía más, verás que las células tienen partes todavía más pequeñas. Acércate más y verás que las partes de las células están compuestas por moléculas, que se componen de átomos. Y los átomos están compuestos por partículas subatómicas. ¡Eso sí que es diminuto!

célula

molécula

H

H

O

átomo

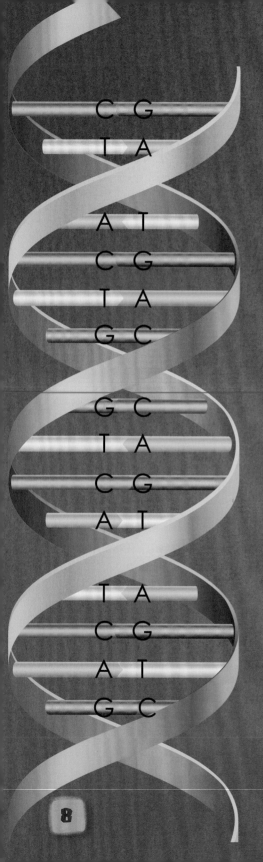

Estructura del ADN

El ADN es demasiado pequeño para verse sin un poderoso microscopio. Pero si alguna vez vieras una parte, sería como una escalera. Dos largas hebras conforman los lados de la escalera, y muchas hebras más cortas forman los peldaños. Pero en vez de ser una escalera recta, el ADN es una escalera de estructura en espiral llamada **doble hélice**.

El ADN tiene cuatro bases o **nucleótidos**. Estos nucleótidos son la adenina (A), timina (T), guanina (G) y la citosina (C). Los nucleótidos se enlazan para unir los peldaños de la escalera. Cada peldaño tiene dos bases, o un par de bases. *A* se enlaza siempre con *T* y *C* se enlaza siempre con *G*. Estos pares vinculados contienen información que la célula lee. De esta manera, la célula sabe cómo formar y conservar los tejidos del cuerpo.

Nucleótidos

	adenina
	timina
	citosina
	guanina

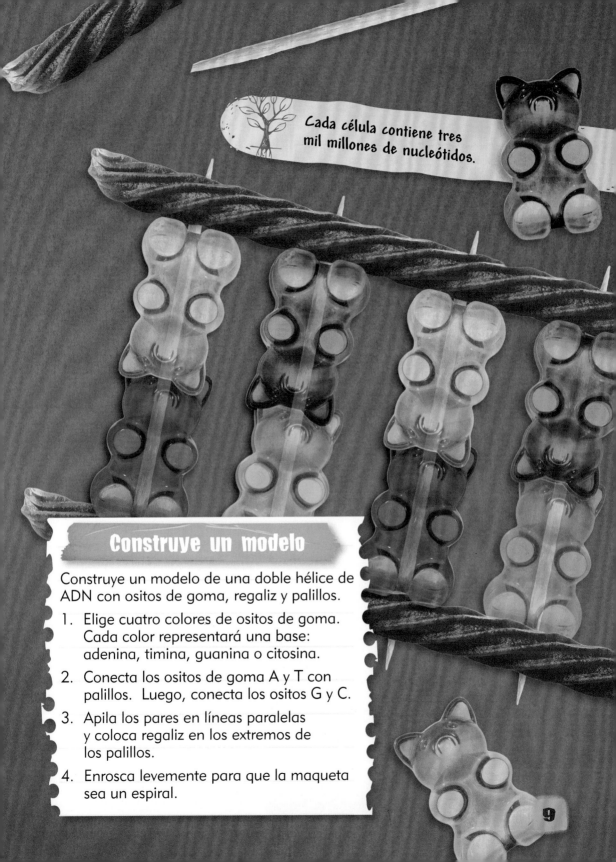

Cada célula contiene tres mil millones de nucleótidos.

Construye un modelo

Construye un modelo de una doble hélice de ADN con ositos de goma, regaliz y palillos.

1. Elige cuatro colores de ositos de goma. Cada color representará una base: adenina, timina, guanina o citosina.

2. Conecta los ositos de goma A y T con palillos. Luego, conecta los ositos G y C.

3. Apila los pares en líneas paralelas y coloca regaliz en los extremos de los palillos.

4. Enrosca levemente para que la maqueta sea un espiral.

Todo está en los genes

Aunque el ADN existe en largas hebras, son las pequeñas secciones de ADN que le dicen a la célula cómo producir diferentes proteínas. Estas secciones se denominan genes. En total, el ADN contiene unos 30,000 genes. Cada gen produce diferentes proteínas.

¿Cómo hacen esto los genes? La respuesta es fácil de comprender si piensas en los nucleótidos como si fueran letras. Todos sabemos que ordenar las letras de diferentes formas creará palabras diferentes. (O-L-A-S significa algo diferente de S-O-L-A). El ADN registra la información de la misma manera. Los nucleótidos siempre forman los mismos pares de hebras de ADN, pero estos pares se pueden poner en diferente orden. El orden de las bases actúa como un tipo de código. Las células pueden "leer" este código como si fueran instrucciones. Aporta las instrucciones para la producción de proteínas.

Por ejemplo, un código puede leerse T-A-A-T-C-G. Otro código puede leerse G-C-T-A-C-G. Un gen codifica cierto tipo de proteína. Otro gen codifica un tipo de proteína diferente. Las células usan estos códigos sencillos para controlar todo lo que hacen y hasta el modo en el que lucimos y actuamos.

célula de cáncer

Mutaciones

Algunas veces, el orden de las bases de ADN se mezcla. Afecta el funcionamiento de las células. Los científicos denominan a estos cambios en los genes **mutaciones**. Las mutaciones pueden ocasionar enfermedades como el cáncer. Pero no todas las mutaciones son malas. Los ojos azules, las pestañas largas y el ser pelirrojo son el resultado de mutaciones que se transfieren de padres a hijos.

¡El ADN puede producir hasta 50,000 tipos diferentes de proteínas!

Mensaje secreto

Cuatro pares de nucleótidos forman todos los genes que el cuerpo necesita, del mismo modo en el que las 27 letras del abecedario sirven para escribir cualquier libro. Usa la siguiente tabla para ver si puedes decodificar el mensaje genético secreto*.

Código: TTT AAG ATG ATA ATG TTG ACT AAA AAC AGT AAA ATC TTG AGT ATG CAG TTG AAG AGA ACA ATC CAT AGA AAC AGA AAG ATG CAG TTT TTG ATT ATG CAC TTG AAG ACA AGT CCA AGT AAA CAC

AAA	a	AGG	k	CCA	u
AAC	b	AGT	l	CCC	v
AAG	c	ATA	m	CCG	w
AAT	d	ATC	n	CCT	x
ACA	e	ATG	o	CGA	y
ACC	f	ATT	p	CGC	z
ACG	g	CAA	q	CGG	ñ
ACT	h	CAC	r	TTG	espacio
AGA	i	CAG	s	TTT	signo de ¿ ?
AGC	j	CAT	t		

¿Alguna vez te has preguntado por qué los lóbulos de las orejas de algunas personas están pegados a los lados de la cara, mientras que los de otras cuelgan libremente? ¿Alguna vez te has preguntado por qué una persona tiene cierto tipo de color de cabello? La respuesta a estas preguntas está en los genes. Los genes determinan cómo serán los lóbulos de las orejas. Determinan el color de piel y la forma del rostro.

Observa a la persona que está al lado. Compartes entre el 99 y el 99.5 % de los mismos genes con esa persona. De hecho, ¡compartes el 85 % de los mismos genes con un pez cebra! Las diferencias dependen del orden de las bases de las hebras de ADN; un orden diferente implica un gen diferente.

Aunque tengamos muchos genes en común con otros que nos rodean, el ADN es mucho más parecido al de los miembros de la familia. Esto explica por qué tienes las mismas grandes orejas de la tía Marta o por qué el segundo dedo del pie es más largo que el dedo gordo del pie. Los científicos estudian la herencia para saber de qué modo los genes se transmiten de padres a hijos. Y cuando un rasgo es transmitido en la familia, se denomina rasgo heredado.

Célula inteligente

Cada célula contiene ADN que almacena cerca de 1.5 *gigabytes* de información. Es aproximadamente la cantidad de información que se puede almacenar en un teléfono inteligente básico. El cuerpo humano tiene billones de células. La información almacenada en el cuerpo equivale a 150 billones de *gigabytes* o 150 mil millones de *terabytes*.

lóbulo pegado
al rostro

dedo más largo

lóbulo separado
del rostro

Los chimpancés y los humanos comparten el 98 % de los mismos genes.

Organización del ADN

El ADN se organiza en **cromosomas** dentro del núcleo de la célula. También se enrosca en las proteínas como el hilo en un carrete, y forma un espiral ajustado. Dentro de una célula humana hay 23 pares de cromosomas. La mitad de los cromosomas proviene de una célula de la madre. La otra mitad de los cromosomas proviene de una célula del padre. Cuando esas células se encontraron, se formó tu primera célula. Un cromosoma de cada uno de los pares de cromosomas se unió para crear esta nueva célula.

ADN

Una diferencia en números

El número de cromosomas en cada célula varía según el organismo, pero no parece tener relación con el tamaño o la complejidad de este. Los humanos tienen 46 cromosomas. Las mariposas tienen 380. ¡Y un mosquito solo tiene 6!

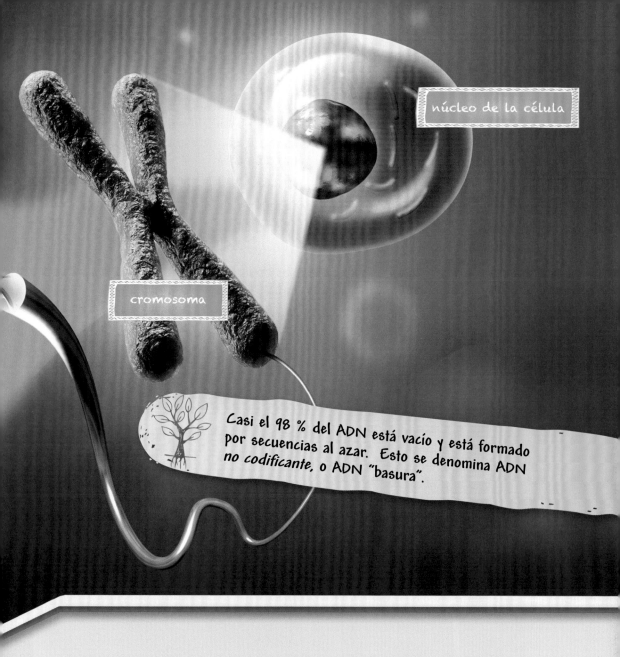

Casi el 98 % del ADN está vacío y está formado por secuencias al azar. Esto se denomina ADN no codificante, o ADN "basura".

En los seres humanos, la mayoría de los pares de cromosomas son los mismos. Pero hay un par de cromosomas que determina si una persona será niño o niña. Estos cromosomas se conocen como cromosomas sexuales, porque determinan el sexo de una persona. Una niña tiene dos cromosomas X. Un niño tiene un cromosoma X y uno Y. La madre aporta el cromosoma X, pero el padre puede aportar un cromosoma sexual X o uno Y. Por lo tanto, es el padre el que determina si el bebé será niño o niña.

Puedes encontrar cientos y hasta miles de genes en un cromosoma. Cada cromosoma en un par tiene genes que coinciden. Estos genes coincidentes se encuentran en el mismo lugar en cada par de cromosomas. Pero eso no significa que los genes sean idénticos. El gen que provino de la madre puede ser levemente diferente del gen que provino del padre.

Estas formas diferentes de los mismos genes, o estos **alelos**, aportan información para los mismos rasgos. Por ejemplo, ciertos genes determinan el color de cabello. Si los padres tienen diferentes alelos para este rasgo, el color de cabello puede ser levemente diferente al de los padres.

Algunas veces, los alelos forman nuevas combinaciones. Esto da como resultado rasgos que son exclusivamente tuyos. Sucede cuando algunos alelos en los pares de cromosomas se cruzan y cambian de lugar. Esto crea nuevas combinaciones de alelos. Y eso puede hacer que tú seas ¡*tú*!

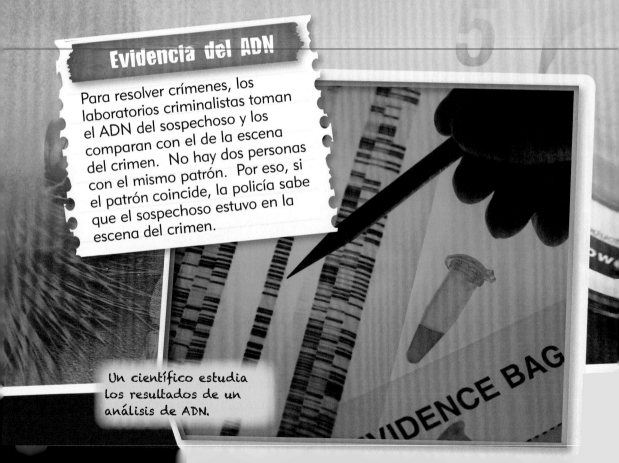

Evidencia del ADN

Para resolver crímenes, los laboratorios criminalistas toman el ADN del sospechoso y los comparan con el de la escena del crimen. No hay dos personas con el mismo patrón. Por eso, si el patrón coincide, la policía sabe que el sospechoso estuvo en la escena del crimen.

Un científico estudia los resultados de un análisis de ADN.

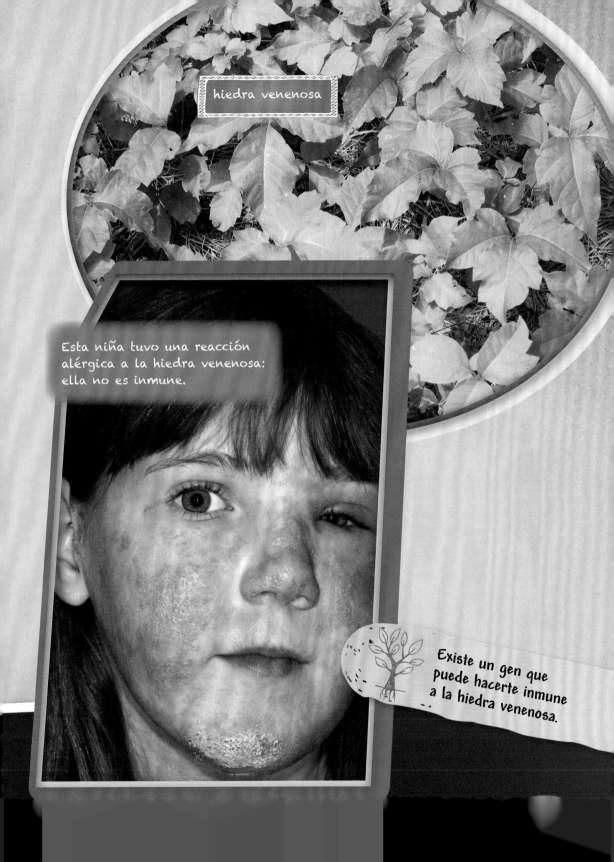

hiedra venenosa

Esta niña tuvo una reacción alérgica a la hiedra venenosa: ella no es inmune.

Existe un gen que puede hacerte inmune a la hiedra venenosa.

Genética

La **genética** es el estudio de cómo los genes controlan las características de las plantas y los animales. A mediados del siglo XIX, Gregor Mendel se preguntaba de qué manera se transmitían estas características de generación en generación. En aquella época, nadie sabía nada sobre genes o cromosomas. Decidió estudiar las plantas de guisantes porque tenían características simples. Creó un híbrido entre plantas con flores de diferentes colores, como púrpuras y blancas, para ver cómo salían las nuevas flores. Descubrió que la primera generación de flores era toda púrpura. Pero cuando cruzaba estas nuevas plantas púrpuras, ocasionalmente se producía una flor blanca.

La vida de Mendel

No puedes tomar clases de biología sin escuchar el nombre Mendel. Pero cuando Mendel estaba vivo, no era famoso. Era un simple monje que enseñaba ciencia.

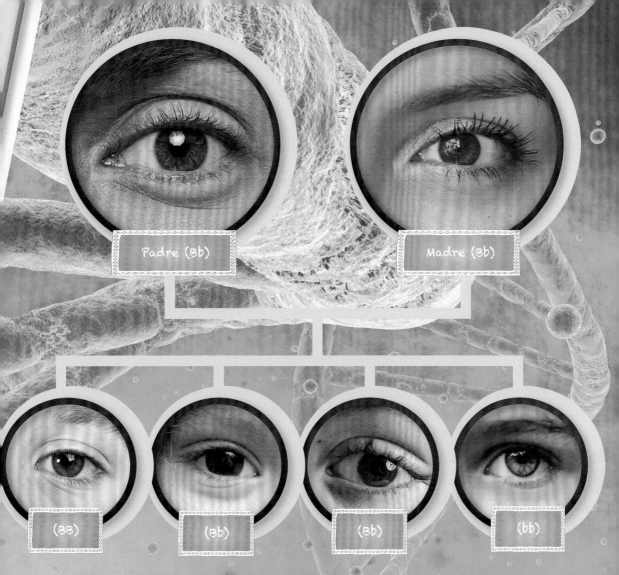

Padre (Bb)

Madre (Bb)

(BB)

(Bb)

(Bb)

(bb)

A partir de estos experimentos, Mendel descubrió que estas características se transmiten a las crías mediante los pares de genes. Descubrió que un alelo de cada padre se transmite a la cría. Descubrió también que algunos alelos son más fuertes o más **dominantes** que el compañero con el que coinciden. Dio a estos alelos más débiles el nombre de **recesivos**. Los genes recesivos solo aparecen cuando son heredados de ambos padres. Cuando una planta tiene dos alelos dominantes para el color, el color resultante es el dominante. El color recesivo solo aparecerá si ambos padres le heredan a la cría el gen recesivo.

Por ejemplo, en los seres humanos, los ojos marrones son dominantes y los azules, recesivos. Si tienes ojos azules, y tu papá y tu mamá tienen ojos marrones, entonces ambos deben tener un gen recesivo para ojos azules.

Replicación

Todos comenzamos como una sola célula. Esa célula se divide millones de veces. El ADN en esa célula se copia a sí mismo para que la información se transmita a las otras células. De esta manera, cada célula del cuerpo tiene el mismo ADN.

Para hacer una copia, el ADN de la célula vieja separa los nucleótidos como una cremallera. Hay muchas bases adicionales de ADN dentro del núcleo de una célula. Estas bases adicionales se mueven hacia las hebras abiertas. Se conectan con sus pares de base. Una vez más, A y T se unen y G y C también se unen. Esto crea dos moléculas idénticas, una al lado de la otra.

Cuando el ADN se ha copiado, se envuelve en conjuntos idénticos de cromosomas. Las nuevas copias se mueven a lados opuestos de la célula y la célula se estrecha en el centro. Ahora hay dos células con exactamente el mismo ADN.

Esta **replicación** de ADN se denomina *mitosis*, y se está produciendo dentro de tu cuerpo ahora mismo. En el último minuto, millones de tus células se han dividido. Las células del estómago, de los pulmones y hasta las células de debajo de las uñas de los pies se replican constantemente. Mientras más creces, más células necesita el cuerpo.

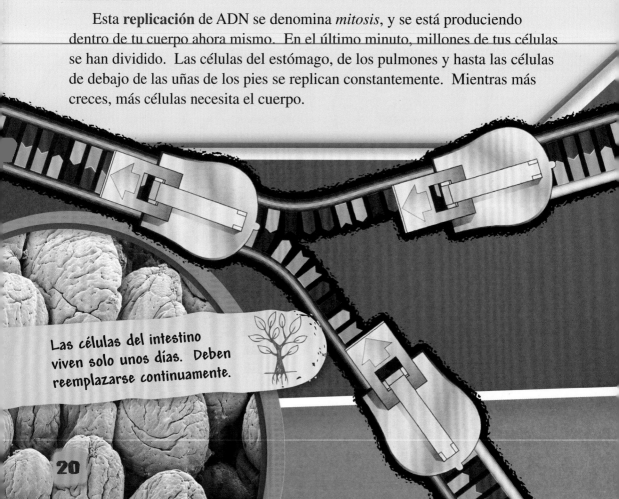

Las células del intestino viven solo unos días. Deben reemplazarse continuamente.

Creación de células

La mitosis se produce a diferentes ritmos. Las células del cabello y las uñas de las manos se dividen todo el tiempo. Otras células, como las del hígado, solo se dividen cuando se produce una lesión.

Una célula crea una copia de sí misma.

Meiosis

Las células nuevas también se producen por meiosis. La meiosis se produce en las células que crearán nuevos organismos.

La célula se divide dos veces.

Estas medias células se combinan con otras medias células para crear nuevos organismos.

Pasos hacia delante

Mendel se sorprendería de ver cuánto ha avanzado la genética desde sus primeros experimentos en el jardín. En 1953, después de estudiar el trabajo de muchos científicos, Rosalind Franklin, James Watson y Francis Crick resolvieron el rompecabezas de la estructura de las moléculas de ADN. El modelo tuvo tanto sentido para otros científicos, que lo aceptaron de inmediato. Recibieron el Premio Nobel por su descubrimiento.

En 1990, un grupo de científicos decidieron que querían conocer la secuencia completa del ADN humano. Consideraban que conocer esta secuencia podía ayudarlos a entender y a curar los trastornos genéticos. Para lograrlo, comenzaron a elaborar un mapa del ADN humano. Descubrieron qué genes pertenecían a qué cromosomas. Luego, descubrieron dónde se encontraba cada gen en cada cromosoma. Por último, aprendieron el orden de las bases del ADN. Les tomó 13 años hacer el mapa completo del **genoma** humano.

Los científicos esperan usar esta información en el futuro para ayudar a las personas. Es posible que puedan seleccionar la medicina adecuada para tratar los males de una persona simplemente usando su ADN. O tal vez puedan desactivar los genes que fomentan ciertas enfermedades como la obesidad. Hasta podrían prevenir el crecimiento del cáncer en algunos pacientes.

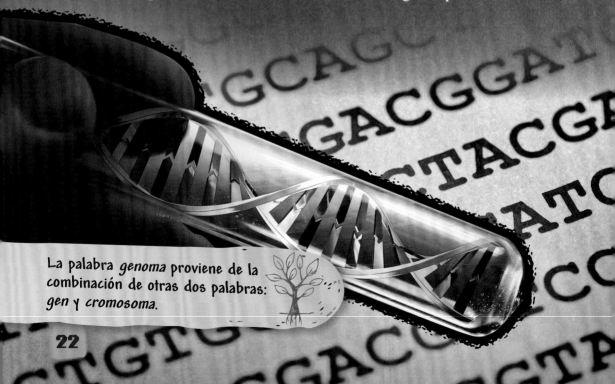

La palabra *genoma* proviene de la combinación de otras dos palabras: *gen* y *cromosoma*.

1865: Gregor Mendel completa su experimento con las plantas de guisantes.

1869: Friedrich Miescher descubre el ADN y lo denomina nucleíno.

1953: Rosalind Franklin, James Watson y Francis Crick descubren que el ADN tiene una doble hélice.

1990: Comienza el Proyecto del Genoma Humano.

1996: la oveja Dolly es clonada.

1999: Se decodifica el cromosoma humano (cromosoma 22).

2003: Termina el Proyecto del Genoma Humano.

Los científicos también estudian la posibilidad de cambiar los genes de los seres vivos. Están haciendo experimentos con la **clonación**. Están probando las maneras de copiar el ADN de un animal y hacer un clon con el ADN exacto del animal original.

En 1996, los científicos lograron la primera clonación viviente de un mamífero. Era una oveja llamada Dolly. Para lograrlo, tomaron el ADN de la célula de una oveja adulta. Se necesitaron 275 intentos para crear a Dolly. Dolly creció y tuvo cuatro crías. Pero después de seis años, Dolly mostró signos de enfermedad que solo se encontraban en ovejas del doble de su edad. Murió poco tiempo después.

La clonación de Dolly desató muchos debates. A algunas personas les preocupa que se use la ciencia para la clonación de seres humanos. Se preguntan si la clonación es inmoral o si ocasionará problemas de salud a los clones. Pero otras personas discrepan. Dicen que la clonación de humanos se puede usar para curar enfermedades. Algunos científicos trabajan en la clonación de órganos con este objetivo. Eso significa que si necesitas un nuevo corazón, los científicos podrían usar tu ADN para hacerte un corazón nuevo.

En el 2001 se clonó el primer gato. Su nombre, CC, honra la expresión copy cat, que en inglés significa imitación. Se necesitaron 188 intentos para crear con éxito a CC.

Dolly

Bioimpresión

Con el uso de programas de computación avanzados, los científicos introducen un diseño para una parte del cuerpo y luego apilan las células para crearlo. Pueden crear riñones, orejas, piel, huesos y células sanguíneas. Esto se denomina *bioimpresión*.

bioimpresora

tejido bioartificial

La clonación en la naturaleza

Algunos animales, como ciertos tipos de anfibios, reptiles e insectos, producen crías que son clones de los huevos de la madre. Esto se produce cuando las crías se desarrollan a partir de huevos no fertilizados. Se denomina *partenogénesis*.

Unos tejidos pueden producir crías mediante la partenogénesis.

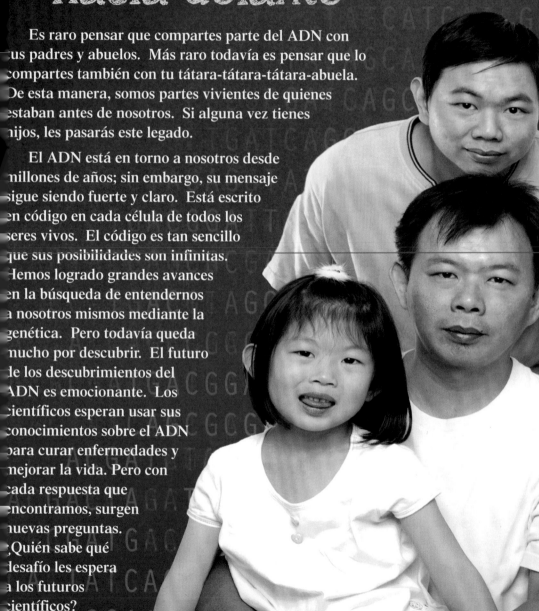

Con la mirada hacia delante

Es raro pensar que compartes parte del ADN con tus padres y abuelos. Más raro todavía es pensar que lo compartes también con tu tátara-tátara-tátara-abuela. De esta manera, somos partes vivientes de quienes estaban antes de nosotros. Si alguna vez tienes hijos, les pasarás este legado.

El ADN está en torno a nosotros desde millones de años; sin embargo, su mensaje sigue siendo fuerte y claro. Está escrito en código en cada célula de todos los seres vivos. El código es tan sencillo que sus posibilidades son infinitas. Hemos logrado grandes avances en la búsqueda de entendernos a nosotros mismos mediante la genética. Pero todavía queda mucho por descubrir. El futuro de los descubrimientos del ADN es emocionante. Los científicos esperan usar sus conocimientos sobre el ADN para curar enfermedades y mejorar la vida. Pero con cada respuesta que encontramos, surgen nuevas preguntas. ¿Quién sabe qué desafío les espera a los futuros científicos?

"El ritmo de los descubrimientos es increíblemente rápido".
—James D. Watson

Piensa como un científico

¿Cómo puedes examinar tu ADN? ¡Experimenta y averígualo!

Qué conseguir

- $\frac{1}{2}$ vaso de agua
- $\frac{1}{2}$ vaso de alcohol medicinal
- 1 cucharadita de sal
- 2 cucharaditas de detergente para vajilla
- 2 fresas (frescas o congeladas)
- 2 vasos de plástico

- bolsa hermética de plástico
- cuchara para medir
- filtro para la cafetera
- palitos de helado
- taza medidora

Qué hacer

1 Retira las hojas o los tallos de las fresas.
Coloca las fresas en la bolsa hermética y
aplástalas por completo.

2 Mezcla el detergente para vajilla, la sal y el
agua en un vaso de plástico. Vierte la mezcla
en la bolsa y aplasta toda la mezcla con cuidado.

3 Coloca el filtro para la cafetera en el segundo
vaso de plástico y vierte la mezcla sobre el filtro.
Con cuidado, aprieta el filtro para que entre al
vaso la mayor cantidad de líquido posible.

4 Agrega el alcohol medicinal al mismo vaso.
No mezcles.

5 Usa un palito de helado para recoger la mezcla
blanca nubosa. ¿Qué observas? ¿Qué crees que
sea esa mezcla?

Glosario

ácido desoxirribonucleico: una sustancia que contiene información genética y está en las células de los seres vivos

alelos: formas levemente diferentes del mismo gen que determinan las características genéticas

clonación: crear una célula que tiene exactamente los mismos genes que otro organismo

cromosomas: partes de las células que contienen genes que controlan el crecimiento de los seres vivos

doble hélice: la forma que resulta de dos líneas paralelas que se tuercen en torno a sí mismas

dominantes: que siempre harán que resalte una característica en particular

genes: partes de las células que controlan el aspecto y el crecimiento de un ser vivo, o influyen en ellos

genética: el estudio científico de la manera en la que los genes controlan las características de los seres vivos

genoma: todos los genes y la información genética dentro de un organismo

heredado: que posee desde el nacimiento un rasgo transmitido en los genes de los padres

herencia: el proceso mediante el cual se transfieren características de padres a hijos a través de los genes de los padres

moléculas: la cantidad más pequeña posible de una sustancia determinada que tiene todas las características de esa sustancia

mutaciones: cambios en los cromosomas o los genes que dan origen a características nuevas

nucleótidos: las cuatro bases en una hebra de ADN

proteínas: moléculas grandes que ayudan al funcionamiento de las células

rasgo: una cualidad que hace que los seres vivos sean diferentes unos de otros

recesivos: causados por o relacionados con una característica o condición que la cría tendrá solo si ambos padres la tienen

replicación: el acto de copiar algo de manera exacta

Índice

¿Naturaleza o experiencia?

Escribe todos los rasgos que te describen, incluyendo tu apariencia y las cosas que te gusta hacer. ¿Qué rasgos o características no se pueden ver en una fotografía o un espejo? ¿Crees que estos rasgos son el resultado de tu ADN o del entorno en el que creciste?